BEI GRIN MACHT SICH IHR WISSEN BEZAHLT

AF155065

- Wir veröffentlichen Ihre Hausarbeit,
  Bachelor- und Masterarbeit

- Ihr eigenes eBook und Buch -
  weltweit in allen wichtigen Shops

- Verdienen Sie an jedem Verkauf

Jetzt bei www.GRIN.com hochladen und kostenlos publizieren

Kommunikation und Führung in Unternehmen

J. Lückert

Bibliografische Information der Deutschen Nationalbibliothek:

Die Deutsche Nationalbibliothek verzeichnet diese Publikation in der Deutschen Nationalbibliografie; detaillierte bibliografische Daten sind im Internet über http://dnb.d-nb.de abrufbar.

ISBN: 9783346903532
Dieses Buch ist auch als E-Book erhältlich.

Druck und Bindung: Books on Demand GmbH, Norderstedt Germany
Gedruckt auf säurefreiem Papier aus verantwortungsvollen Quellen

Das vorliegende Werk wurde sorgfältig erarbeitet. Dennoch übernehmen Autoren und Verlag für die Richtigkeit von Angaben, Hinweisen, Links und Ratschlägen sowie eventuelle Druckfehler keine Haftung.

Das Buch bei GRIN: https://www.grin.com/document/1347927

KOMMUNIKATION & FÜHRUNG

Einsendeaufgabe – Alternative B

Studiengang: Medien- und Kommunikationsmanagement

abgegeben als Einsendeaufgabe im Juli 2020

Inhaltsverzeichnis

Abbildungsverzeichnis   3

Aufgabe 1   4

Aufgabe 2   12

Aufgabe 3   16

Quellenverzeichnis   23

Abbildungsverzeichnis

Abbildung 1: Das Johari Fenster   Seite 4
Quelle: Google

Abbildung 2: Johari Fenster Eisberg Darstellung   Seite 6
Quelle: Wordpress

Abbildung 3: Wirkung von Feedback   Seite 6
Quelle: Projekte-leicht-gemacht

Abbildung 4: Wirkung von Selbstoffenbarung   Seite 7
Quelle: Projekte-leicht-gemacht

Abbildung 5: Phasenmodell nach Tuckman   Seite 12
Quelle: Projekte-leicht-gemacht

Abbildung 6: Phasen des Tuckman Modells   Seite 14
Quelle: Springer Verlag

Abbildung 7: 4 Faktoren Modell   Seite 16
Quelle: Uni-Lüneburg

Aufgabe 1

Das Johari Fenster

Das Johari Fenster ist ein Kommunikationsmodell, welches die Unterschiede zwischen der Selbst- und Fremdwahrnehmung zeigt. Es wurde 1955 von dem US-amerikanischen Sozialpsychologen Joseph Luft und Harry Inghan entwickelt.[1] Das Modell soll die Zusammenarbeit und das Verständnis innerhalb der Gruppe verbessern und die Unterschiede von der Selbst- und Fremdwahrnehmung demonstrieren.[2] Es gehört zu dem Standardrepertoire der gruppendynamischen Modelle.

[Hinweis der Redaktion: Diese Abbildung musste aus urheberrechtlichen Gründen entfernt werden.]

Abbildung 1: Das Johari Fenster
Quelle: Google

---

[1] Vgl. Ingham/Luft (1955)
[2] Vgl. Steffen (2019), S.139

Die 4 Felder des Johari Fensters

1) Der öffentliche Bereich

Der öffentliche Bereich beschreibt alles was ein Mensch von sich preisgibt, also alle Informationen, die ihm selber und allen anderen bekannt sind.[3] Es handelt sich um Anteile der Persönlichkeit, die nach außen hin sichtbar sind und von anderen wahrgenommen werden können.[4] Dies können unter anderem äußere Merkmale, körperliche Reaktionen oder auch persönliche Eigenschaften, wie Ungeduld und Ehrgeiz sein.

2) Geheimer Bereich

Dieser Bereich beinhaltet alle Informationen, die einem selber bewusst sind, außenstehenden Personen jedoch nicht.[5] Es sind in der Regel Fakten, die Personen nicht teilen wollen, weil es sich um zu private Angaben handelt, die zu Unsicherheit führen.[6] Das kann zum Beispiel die Aufregung vor öffentlichen Präsentationen sein, die die Mitarbeiter und Kunden nicht mitbekommen sollen.

3) Blinder Fleck

Andere Personen haben Informationen, die einem selber nicht bekannt sind. Diese werden oft nonverbal geäußert.[7] Andere Personen erkennen Verhaltensweisen und Merkmale, die der Betroffene gar nicht wahrnimmt. Ein Beispiel wäre hier, dass der Betroffene bei seinem Vortrag oft stottert, dies aber nicht bewusst merkt.

---

[3] Vgl. Steffen (2019), S.140
[4] Vgl. Windolph (2014)
[5] Vgl. Stracke (2015), S.35
[6] Vgl. Windolph (2014)
[7] Vgl. Windolph (2014)

4) Unbekannter Bereich

In diesem Bereich befinden sich Informationen, die weder einem selbst noch andere Person bekannt sind. Das können schlummernde Talente sein, die noch gar nicht erkannt worden.[8] Das folgende Bild beschreibt die genannten Phasen sehr gut. Der obere Bereich des Eisbergs ist öffentlich. Der untere und viel größere Bereich ist geheim und unbekannt.

[Hinweis der Redaktion: Diese Abbildung musste aus urheberrechtlichen Gründen entfernt werden.]

Abbildung 2: Johari Fenster Eisberg Darstellung

Quelle: Wordpress

Eines der wichtigsten Ziele des Johari Fensters ist, dass der gemeinsame Handlungsspielraum transparenter und weiter gestaltet werden soll.[9] Die Zusammenarbeit zwischen mehreren Personen funktioniert besser, desto mehr die Personen übereinander wissen, das heißt der öffentliche Bereich soll vergrößert werden.[10] Dies kann durch 2 Faktoren passieren: Feedback und Selbstoffenbarung.

---

[8] Vgl. Steffen (2019), S.141
[9] Vgl. Schaller (2017)
[10] Vgl. Windolph (2014)

1) Feedback

Andere Menschen um Feedback zu bitten, führt dazu, dass die betroffenen Personen gleichzeitig auch mehr Informationen über sich selbst erhalten.[11] Je mehr unbekannte Fakten enthüllt werden, desto kleiner wird der blinde Fleck.

[Hinweis der Redaktion: Diese Abbildung musste aus urheberrechtlichen Gründen entfernt werden.]

Abbildung 3: Wirkung von Feedback
Quelle: Projekte-leicht-gemacht

2) Selbstoffenbarung

Der geheime Bereich schrumpft, wenn man anderen Personen Dinge mitteilt, die bislang geheim waren.[12]

[Hinweis der Redaktion: Diese Abbildung musste aus urheberrechtlichen Gründen entfernt werden.]

Abbildung 4: Wirkung von Selbstoffenbarung
Quelle: Projekte-leicht-gemacht

---

[11] Vgl. Schaller (2017)
[12] Vgl. Kaschura (2020)

Feedback ist der Treibstoff der Verbesserung.[13] Besonders für Führungs-kräfte ist die Resonanz der Angestellten von elementarer Bedeutung, um ihre Führungskompetenzen zu verbessern. Das Johari Modell soll dabei helfen die Selbstwahrnehmung von Teamleitern zu steigern und die Notwendigkeit von Feedback der Mitarbeiter zu erkennen.[14] Besonders der Bereich des Blinden Flecks ist hier effektiv. Achtet eine Führungskraft auf die Rückmeldung der Mitarbeiter und nimmt deren Resonanz als Quelle wichtiger Auskünfte an, so kann er die unbewussten Eigenschaften minimieren und somit den Bereich des blinden Flecks verringern.[15] Die Gruppenleiter können sich durch offene Kommunikation und regelmäßige Rückmeldung stetig verbessern. Aber auch für die Mitarbeiter kann der Austausch und das Preisgeben wichtiger und pri-vater Auskünfte von enormer Bedeutung sein. Kritik kann direkt während des Gesprächs bekämpft werden, da auch die Mitarbeiter mehr Verständnis und Annahme für bestimmte Verhaltensweisen zeigen, wenn sie den Hintergrund der Tat nachvollziehen können.

---

[13] Vgl. Hockling (2012)
[14] Vgl. Schaller (2017)
[15] Vgl. Krämer/Lammert/Weigang (2015), S.104

Beispieldialog

Im folgenden Dialog soll beispielhaft gezeigt werden, wie ein Moderator richtig mit Kritik umgeht. Der Moderator leitet einen Workshop mit 10 Teilnehmern. Es geht darum interne Prozesse bei der Auftragsbearbeitung zu verbessern. Zwei Stunden intensive Arbeit sind bereits geschafft und der Moderator scheint zufrieden zu sein. Plötzlich beschwert sich ein Teilnehmer. Auf diese Beschwerde soll professionell reagiert werden. Zusätzlich sollen mindestens zwei Gesprächsregeln angewendet werden. Diese werden im Anschluss näher erläutert.

T1 (Teilnehmer): „Das bringt ja alles überhaupt nichts. So wie wir das hier erarbeiten ist das vertane Zeit."

M (Moderator): „Oh, warum denken sie so? Ich gebe mir wirklich große Mühe alles gut an sie zu vermitteln und einen Mehrwert zu schaffen."

T1: „Mir fehlen einfach die angewendeten Beispiele! Wir besprechen seit zwei Stunden nur die Theorie, aber wie sollen wir das bei der zukünftigen Auftragsbearbeitung anwenden? Theorie allein wird uns nicht dabei helfen später besser und produktiver zusammenzuarbeiten."

M: „Okay, ich kann verstehen, was sie mir sagen wollen. Ich versuche bislang erstmal nur ein Grundwissen zur Thematik zu schaffen. Mir ist es wichtig, dass sie die ablaufenden Prozesse grundlegend verstehen, im Anschluss werde ich zur direkten Anwendung kommen."

T1: „Ja, aber wann ist es denn soweit?"

M: „Der Theorieteil ist eigentlich in etwa 15 bis 30 Minuten vorbei. Den Rest des Workshops werden wir zusammen das Gelernte anwenden. Ist das denn in Ordnung für sie?"

T1: „Ja, das klingt gut. Ich wusste nicht, dass der erste Teil der Präsentation bald vorbei ist."

M: „Kein Problem. Haben sie eventuell noch andere Verbesserungsvorschläge?"

T2: „Ich empfand die Theorie zwar nötig, aber auch sehr trocken. Wenn es nun aber zu einem Themenwechsel kommt und wir uns mehr einbringen können, bin ich zufrieden mit dem Workshop! Sie erklären das sehr gut!"

(Zustimmendes Nicken der anderen Teilnehmer)

M: „Mir ist bewusst, dass Theorie oftmals eher langweilig erscheint. Die theoretischen Mittel werden uns jedoch nicht nur dabei helfen die Abläufe zur Auftragsbearbeitung zu verbessern, sondern eben diese Prozesse selbst für das Unternehmen zu entwickeln. Dadurch sind diese individuell auf das Unternehmen und auch auf den Mitarbeiter selbst zugeschnitten. Dies wird ihre zukünftige Arbeit um einiges erleichtern."

T1: „Okay, das ergibt Sinn. Danke für die Aufklärung."

M: „Ich danke ihnen für das Feedback! Ich werde versuchen den letzten Teil des Theorieabschnittes kurz zu halten. Falls sie im Laufe des Workshops noch Fragen oder Anregungen haben, halten sie sich bitte nicht zurück. Lassen sie uns nun gemeinsam wieder zurück zum Thema finden."

Verwendete Gesprächsregeln

- Vertritt dich selbst und deine Aussagen

   Die Verwendung von verallgemeinernden Wendungen ist zu vermeiden. Es ist wichtig eigene Bedürfnisse anzusprechen und dafür auch die volle Verantwortung zu übernehmen. Besonders als Leiter einer Diskussion ist es unumgänglich Verantwortung für das Gesagte zu übernehmen.[16] Daher hat der Moderator oft die Ausdrucksform „Ich" gewählt, um nur für sich selber zu sprechen. Der Teilnehmer hingegen sprach oft in der „Wir" Form und somit für alle Beteiligten. Dies ist bei Kritikäußerung oft nicht hilfreich, er übergibt die Verantwortung an die gesamte Gruppe. Als Moderator nun auch in die „Wir" Form überzugehen wäre fatal. Dies geschieht in dem Dialog erst, als der Konflikt als gelöst betrachtet werden kann. Daher behält der Leiter für den Rest des Workshops die Authenzität.

---

[16] Vgl. Cohn (2013), S.124

- Wenn du eine Frage stellst, so erkläre warum du fragst und was die Frage für dich bedeutet

Wird eine Frage ohne Kontext gestellt, führt das oft dazu, dass der Befragte sich unwohl und bedrängt fühlt.[17] Das Gespräch nimmt die Form eines Interviews an. Durch den Kontext können andere Teilnehmer die Frage besser verstehen und somit auch besser darauf reagieren.[18] Als der Moderator dem Teilnehmer eine Frage stellt, wurde direkt erläutert, wieso. Dies beruhigt die Situation und der Teilnehmer konnte konkret antworten und so den gesamten Workshop voranbringen.

Weiterhin wurde während des Dialogs darauf geachtet, dass nur eine Person spricht und es zu keinem Durcheinander kommt.[19] Dies ist wichtig, damit nicht mehrere kleine Diskussionen entstehen. Ein konzentriertes Zuhören wäre dann nicht mehr möglich. Das Verständnis würde darunter leiden. Außerdem hat der Moderator stark auf seine authentische Kommunikation geachtet. Der Coach muss sich über seine Gedanken und Gefühle bewusst sein und diese authentisch und professionell ausdrücken. Zusätzlich hat der Moderator auf die Signale seines Körpers geachtet. Im Gespräch ist es notwendig auf seine Mimik und Gestik zu achten, da diese viel von den inneren Gedanken wiedergeben – dies meist unbewusst.[20] Der Moderator stand der Gruppe offen gegenüber, er hatte die Arme nicht verschränkt oder den Teilnehmern den Rücken zugedreht. Außerdem stand er der Kritik offen gegenüber und hielt Blickkontakt zum sprechenden Teilnehmer.

---

[17] Vgl. Cohn (2013), S.125
[18] Vgl. Braune-Krickau/Langmaack (2010), S.87
[19] Vgl. Cohn (2013), S.127
[20] Vgl. Braune-Krickau/Langmaack (2010), S.88

Aufgabe 2

Teamentwicklung

Teams haben eine zentrale Bedeutung in modernen Organisationen.[21] Idealerweise erbringen sie eine hohe Leistung und entwickeln ein gewisses Commitment an das Unternehmen. Zusätzlich sollten die Mitglieder zufrieden mit ihrer Arbeit sein. In der Realität sieht das oftmals anders aus, besonders zu Beginn der Zusammenarbeit. Verschiedene Charaktere treffen aufeinander, dadurch entsteht oft Neid, Streit oder ein Konkurrenzkampf. Um eine erfolgreiche Zusammenarbeit zu generieren ist es sinnvoll Teamentwicklungsmaßnahmen heranzuziehen. Zu Beginn der Teamarbeit ist eine Teamentwicklung besonders effektiv. In den ersten Schritten können Arbeitsnormen, Regeln, Formen, aber auch zu erreichende Ziele besprochen werden. Dafür bietet sich eine Teamdiagnose an, diese sollten einer Teamentwicklungsmaßnahme voran gehen, da sie viele Informationen liefern kann und eine Evaluation der Teamentwicklung ermöglicht. Um eine erfolgreiche Teamdiagnose durchzuführen, können unterschiedliche Instrumente herangezogen werden, zum Beispiel das Halten von Gruppeninterviews, die Befragung von Teammitgliedern und die Analyse und Auswertung von Ergebnissen.[22] Teamdiagnosen verfolgen meist eine Vielzahl von Zielen, dazu gehören unter anderem das Sammeln von allgemeinen Informationen über gegenwärtige Situationen der Gruppe, die Initiierung des Dialogs, sowie eine Stärken- und Schwäche Analyse.[23] Außerdem werden Informationen darüber gesammelt, ob eine Teamentwicklungsmaßnahme überhaupt notwendig ist. Auch die Supervisors und Coaches werden unterstützt.[24] All diese Punkte machen eine Teamdiagnose sehr sinnvoll, um einen optimalen Start der Gruppe zu gewährleisten. Wie sich eine neu erstellte Gruppe entwickelt, lässt sich am besten mit dem Modell von Tuckman (Teamentwicklung) erläutern.

---

[21] Vgl. Becker (2016), S.1
[22] Vgl. Hornstein (2014), S.371
[23] Vgl. Kauffeld (2001), S.50
[24] Vgl. Kauffeld (2001), S.50

Teamentwicklung nach Tuckman

Das bekannteste Modell zur Erklärung von Teamentwicklung ist das Phasenmodell von Bruce Tuckman. Es soll Teams und Führungskräften dabei helfen, dass Team Building zu erleichtern und erste Orientierung zu finden.[25] Zusätzlich sollen dadurch nützliche Feedbackmechanismen eingeführt werden. Auch das Erlernen von konstruktiv geführten Konflikten spielt hier eine grundlegende Rolle, genauso wie der offene, hilfsbereite und solidarische Umgang im Team. Tuckman postuliert, dass alle Teams eine relativ unproduktive Anfangsphase durchlaufen.[26] Erst danach werden sie zu einer zusammenwirkenden Gemeinschaft. Sein Modell zeigt auch auf, dass ignorierte und nicht beachtete Gefühle, Gedanken und Ideen zu einem unproduktiven Endstadium führen.[27] Jedes Team wird sich während der Zusammenarbeit entwickeln und verändern und durchläuft laut dem Tuckman Phasenmodell vier Phasen:

[Hinweis der Redaktion: Diese Abbildung musste aus urheberrechtlichen Gründen entfernt werden.]

Abbildung 5: Phasenmodell nach Tuckman

Quelle: Projekte-leicht-gemacht

---

[25] Vgl. Teamentwicklung (o.J.)
[26] Vgl. Arenberg (2016), S.62
[27] Vgl. Arenberg (2016), S.62

1) Forming

Dies ist die Orientierungsphase, die zu Beginn der Zusammenarbeit steht und in der sich die Teammitglieder kennenlernen. In dieser Phase herrscht eine große Unsicherheit, da noch vieles unklar ist.[28] Darauf folgt eine einge-schränkte Leistungsfähigkeit. Die meisten Mitglieder suchen nach Akzeptanz und Führung und fixieren den Leiter der Gruppe. Führungskräfte sollten in dieser Zeit Orientierung und Sicherheit ausstrahlen, Aufgaben aufzeigen und diese kontrollieren und klare Anweisungen geben.[29]

2) Storming

In der 2.Phase des Modells werden Konflikte ausgetragen, daher wird diese auch als Nahkampfphase bezeichnet. Die Vorsicht aus Phase 1 weicht der Konfrontation.[30] Unterschiedliche Auffassungen und Meinungen kollidieren aufeinander, eine Rollenverteilung bildet sich heraus und erste Machkämpfe entstehen.[31] Die Auseinandersetzungen können intensiv, zeitaufwendig und emotional sein. Vieles wird in Frage gestellt. Führungskräfte sollten hier an-gebotene Kommunikationstechniken anwenden und auf Disziplin achten. Sie sollten Kritik und kontrollierte Konflikte fördern, gezielte Angriffe jedoch schnell unterbinden.[32] Um wieder Motivation zu erlangen, können Teamleiter in dieser Phase die ersten Erfolge rekapitulieren.

3) Norming

Im besten Fall hat das Team die Konflikte aus der 2.Phase erfolgreich gelöst und geht nun in Phase 3 über, diese wird oft auch als Organisationsphase bezeichnet. Klare Strukturen und Verabredungen werden getroffen, das Team wächst zusammen und das Wir-Gefühl wird gestärkt.[33] Das Team kann sich in dieser Phase vollständig auf die gegebenen Aufgaben konzentrieren, da die Konflikte bewältigt wurden. Es herrscht Vertrauen in der Gruppe und die Ziele können mit Nachdruck verfolgt werden.[34]

---

[28] Vgl. Teamentwicklung (o.J.)
[29] Vgl. Teamentwicklung (o.J.)
[30] Vgl. Arenberg (2016), S.63
[31] Vgl. Kauffeld (2014), S.57
[32] Vgl. Teamentwicklung (o.J.)
[33] Vgl. Teamentwicklung (o.J.)
[34] Vgl. Arenberg (2016), S.63

Führungskräfte können das Team in dieser Phase unterstützend stärken. Teamleiter sollten die Mitglieder beraten und dafür sorgen, dass die Entwicklung in richtige Bahnen gelenkt wird. Zusätzlich sollte er die Interessen und Stärken des Einzelnen mit der Rollenverteilung und Aufgaben der Gruppe abstimmen.[35]

4) Performing

Die letzte Phase wird auch als Integrationsphase betitelt. Hier tritt die Selbstorganisation in den Vordergrund. Die Gruppen werden leistungsfähiger, kreativer und flexibler. Falls nötig, werden spontane Anpassungen getroffen. Das Team reflektiert die gemeinsame Arbeit und die Ziele werden in Angriff genommen.[36] Die Führungskräfte können sich in dieser Zeit zurückziehen, da sie dem Team mittlerweile vollständig vertrauen können.

Später wurde dem Modell noch eine 5.Phase hinzugefügt:

5) Adjourning Phase

Diese Phase beschreibt den Auflösungsprozess. Wenn die Aufgabe der Gemeinschaft sich dem Ende neigt, liegt es an jedem Mitglied selbst sich neu zu orientieren und das Gelernte zu verinnerlichen.[37] Die Teamleiter sollten in der letzten Phase die Teilnehmer loben und Hilfestellungen für die zukünftige Orientierung bieten.

[Hinweis der Redaktion: Diese Abbildung musste aus urheberrechtlichen Gründen entfernt werden.]

Abbildung 6: Phasen des Tuckman Modells

Quelle: Springer Verlag

---

[35] Vgl. Teamentwicklung (o.J.)
[36] Vgl. Arenberg (2016), S.63
[37] Vgl. Arenberg (2016), S.64

Aufgabe 3

Die themenzentrierte Interaktion (TZI)

Die themenzentrierte Interaktion wurde in den 1950iger Jahren von der Psycho-
analytikerin und Psychologin Ruth Cohn in den USA entwickelt. Ihr grundlegen-
der Gedanke war es, ein Konzept zu entwickeln, das einen ursprünglich gesun-
den Menschen ein Leben ermöglichen kann, in dem er gesund weiterleben
kann.[38] Die TZI entstand vor dem Hintergrund der Psychoanalyse und Gruppen-
therapie. Heutzutage ist es ein Konzept, welches genutzt wird, um das Arbeiten
in Gruppen zu erleichtern. Dieser Ansatz wurden in den 1990 Jahren weiterent-
wickelt und ausdifferenziert, mittlerweile wird das TZI als Konzept verstanden,
welches gedacht ist zur:[39]

- Leitung von Gruppen und Teams
- Leitung und Begleitung von Lernprozessen
- Steuerung von Kommunikationsprozessen
- Führung von Unternehmen
- Unterstützung der Selbstentwicklung

Die themenzentrierte Interaktion versucht objektives mit subjektiven zusammen-
zuführen oder in anderen Worten: Es versucht den rein sachbezogenen Lernpro-
zess des Frontalunterrichts durch Inbezugnahme der einzelnen Person, ihres
Umfelds und ihrer Verknüpfung zu einem ganzheitlichen Prozess zu gestalten.[40]

---

[38] Vgl. Landolf/Spielmann/Zitterbarth (2010), S.67
[39] Vgl. Löhmer/Standhardth (2018), S.27
[40] Vgl. Luckau (2018), S.43

4 Faktoren-Modell

Um diesen Arbeitsprozess bildlich zu veranschaulichen gibt es für das TZI Modell ein bestimmtes Symbol:

[Hinweis der Redaktion: Diese Abbildung musste aus urheberrechtlichen Gründen entfernt werden.]

Abbildung 7: 4 Faktoren Modell
Quelle: Uni-Lüneberg

Ein Team wird in vier Dimensionen betrachtet, diese vier Faktoren bestimmen jeden Gruppenprozess. Während der Gruppenarbeit muss auf die Balance der Faktoren geachtet werden.[41]

- Das „Ich" beschreibt alle Fähigkeiten und Verhaltensweisens eines Gruppenmitglieds. Dieser Bereich umfasst die Einzelperson selbst und deren Anliegen und Wünsche. Dadurch kann er andere Mitglieder des Teams zur eigenen Entfaltung animieren und so die Bearbeitung des Themas voranbringen.[42]

- Das „Wir" umfasst alle Interaktionen, Kommunikationen, Kulturen und Dynamiken der Gruppe. Alle Teilnehmer der Gruppe bringen sich auf ihre eigene Art und Weise gleichermaßen und konstruktiv in den Prozess ein.[43] Jeder Mitarbeiter ist ebenbürtig und alle befinden sich auf derselben Hierarchie Ebene.

---

[41] Vgl. Löhmer/Standhardth (2018), S.56
[42] Vgl. Universität Hannover (o.J.)
[43] Vgl. Universität Hannover (o.J.)

- Das „Es" (Thema) bezieht sich auf alle Anliegen, Aufträge und Ziele der Arbeit.[44] Es handelt sich um den Grund, warum Gruppen zusammenkommen. Löhmer hat für ein gutes Thema folgende Kriterien bestimmt: kurz und klar formuliert, enthält Spannung, lässt Freiraum für eigene Gedanken und ist verständlich für alle Mitglieder.[45]

- Das „Globe" ist das Umfeld in sozialer, ökonomischer, technischer, zeitlicher und räumlicher Hinsicht. Es handelt sich um die Umwelt, welche auf die Zusammenarbeit der Gruppe wirkt.[46] Dies kann eingeteilt werden in den Einfluss auf die Gruppe (z.B. Erwartung der Stakeholder) und den Einfluss auf den Einzelnen (z.B. Motivation, familiäre Situation).

Das Arbeiten in der Gruppe erfolgt am effektivsten wenn sich alle Kategorien im Gleichgewicht befinden. Es ist die Aufgabe des Gruppenleiters diese Balance zu wahren. Dieses Gleichgewicht wird als dynamische Balance bezeichnet, das heißt der ausgewogene Zustand wird nur für kurze Zeit erreicht und muss immer wieder neu angestrebt werden. Wenn eine Gruppe die dynamische Balance erreicht hat, hat sie folgende Eigenschaften[47]:

- Teilnehmern wird gemeinsam klar, an was gearbeitet wird und wofür
- Verantwortung der Gruppe liegt bei allen Personen
- Teilnehmer können sich in der Gruppe frei entfalten
- Interaktionen untereinander sind auch Gegenstand des Lernens
- Relevante Bedürfnisse der Umwelt werden berücksichtigt
- Persönliche und allgemeine Grenzen werden bewusst

---

[44] Vgl. Luckau (2018), S.44
[45] Vgl. Universität Hannover (o.J.)
[46] Vgl. Braune-Krickau/ Langmaack (2010), S.53
[47] Vgl. Universität Hannover (o.J.)

Axiome

Die drei Axiome der TZI bilden das Fundament des Modells – alle folgenden Aktivitäten müssen sich an den 3 Axiomen orientieren. Sie sind untrennbar miteinander verbunden und beziehen sich aufeinander:

1) Das existenziell – anthropologische Axiom besagt, dass der Mensch als Einheit besteht und Bedürfnisse, Wahrnehmungen und Erfahrungen nur zusammen betrachtet werden können.[48] Ein Mensch wird umso eigenständiger, desto bewusster er die Umwelt in sich einlässt und deren Zusammenhänge versteht. Wenn man sich der Fähigkeiten, Probleme, Wünsche und Konflikte innerhalb des Teams und der Mitglieder bewusst ist, kann der Einzelne seine eigenen Werte besser vertreten und vermitteln. Es geht also darum ein möglichst realistisches Bild von der Gruppe und deren Beziehungen zueinander und der Umwelt zu entwerfen.[49]

2) Das philosophisch - ethische Axiom fordert, dass man mit Respekt und Haltung gegenüber anderem Leben (egal ob Mensch, Tier oder Pflanze), anderen Lebenseinstellungen und Meinungen agiert.[50] Es bedeutet human zu sein und keine anderen Lebewesen zu quälen oder zu töten. Dies bezieht sich auch auf das Vernachlässigen und Unterdrücken von seelischen und geistigen Fähigkeiten. Der Respekt ist von großer Bedeutung für das Wachstum und die Entwicklung, genauso aber auch für das Arbeiten und Lernen von- und miteinander.[51]

3) Das pragmatisch – politische Axiom thematisiert die Entscheidung des Menschen, diese sind durch innere und äußere Grenzen beschränkt.[52] Es weist auf die Verzahnung des Inneren und Äußeren hin und ergänzt das erste und zweite Axiom. Ziel ist es die Grenzen des Menschen zu erweitern, um ihnen mehr Handlungsspielraum für ihre Entscheidungen geben zu können.

---

[48] Vgl. Cohn/Standhardth (2018), S.46
[49] Vgl. Universität Hannover (o.J.)
[50] Vgl. Universität Hannover (o.J.)
[51] Vgl. Luckau (2018), S.44
[52] Vgl. Universität Hannover (o.J.)

Postulate

Aus diesen drei Axiomen ergeben sich die existentiellen Postulate der TZI. Im Gegensatz zu den Axiomen, die die Grundwerte der themenzentrierten Interaktion verkörpern, sind die Postulate als ein Angebot zu verstehen, die unterstützend bei der Erarbeitung von eigenständigem Lernen wirken können.[53]

1) 1.Postulat: Sei deine eigene Leitperson![54]

Dies bedeutet, dass man seinen inneren Gegebenheiten und die seines Umfelds in jedem Augenblick bewusst sein soll. Zusätzlich soll man seine eigenen Entscheidungen und Lebensweisen und die der anderen Menschen respektieren. Jeder Mensch soll andere so behandeln, wie er selbst behandelt werden möchte. Außerdem soll jede Situation als Angebot für eigene Entscheidungen dienen.[55]

2) 2.Postulat: Störungen haben Vorrang![56]

Das zweite Postulat hängt eng mit dem ersten zusammen. Störfaktoren zu lösen ist in der TZI elementar um persönlich und als Gruppe wachsen zu können. Störungen können unter anderem Lärm, Schmerz, Abneigung, Freude oder Angst sein. Das Postulat fordert dazu auf, sich die Zeit zu nehmen, um die aktuelle Situation bewusst zu spüren. Eigene Störungen oder die der Gruppe sollen akzeptiert und ernst genommen werden. Anstatt sie beiseite zu legen, sollen diese gemeinsam gelöst werden, damit es zu keinen negativen Auswirkungen kommen kann.[57]

---

[53] Vgl. Braune-Krickau/ Langmaack (2010), S.123
[54] Vgl. Universität Hannover (o.J.)
[55] Vgl. Braune-Krickau/ Langmaack (2010), S.124
[56] Vgl. Universität Hannover (o.J.)
[57] Vgl. Braune-Krickau/ Langmaack (2010), S.127

Gesprächsregeln der TZI

Um die verbale, also auch die nonverbale Kommunikation zu fördern stellt die themenzentrierte Interaktion ein Regelsystem zur Verfügung. Dies sind Kommunikationshilfen und Interventionshilfen, die den Umgang mit den angegebenen Axiomen und Postulaten unterstützen. Es handelt sich hier nicht um Verhaltensregeln, sondern um hilfreiche Optionen, die angeboten werden, um in Gruppensituationen bewusst zu handeln. Die wichtigsten Kommunikationsregeln sind in fast allen Fällen anwendbar. Nach Langmaack sind besonders folgende Regeln von Bedeutung[58]:

- Zurückhaltend mit Verallgemeinerungen sein
- Gestellte Fragen begründen und Bedeutung erklären
- Authentische und selektive Kommunikation fördern
- Mit Interpretationen von anderen zurückhalten
- Signale aus Körpersphäre beachten

---

[58] Vgl. Luckau (2018), S.46

Gespräche mittels TZI beeinflussen

Die themenzentrierte Interaktion erscheint auf den ersten Blick einfach in der Handhabung. Grund dafür ist die überschaubare Anzahl von Regeln, zum anderen aber auch die Selbstverständlichkeit der Axiome und Postulate.[59] Erst auf den zweiten Blick wird deutlich, dass die TZI ein komplexes Kommunikationsmodell ist. Ist die Methode nicht gut genug verinnerlicht und geübt, können Schwierigkeiten auftreten. Die themenzentrierte Interaktion ist zur gleichen Zeit ein sehr simples, sowie auch höchst anspruchsvolles Gruppenverfahren.[60] Wenn dieses jedoch richtig eingesetzt wird, kann es für ein Gespräch viele Vorteile bringen. Der Kursleiter lernt dadurch besser mit Konflikten umzugehen und zusätzlich noch, welche Fragen er stellen muss, um dem Konflikt überhaupt auf die Spur zu kommen. Leiter eines Gesprächs lernen durch die TZI schon bei der Entstehung eines Problems darauf aufmerksam zu werden, es aus verschiedenen Blickwinkeln zu betrachten und schnell zu lösen.[61] Dafür ist Fingerspitzengefühl verlangt. Zusätzlich erlaubt die Methode sich mit seinem eigenen Denken auseinander zu setzen und dieses auch professionell zu formulieren, so dass sie das Gespräch voranbringen. Eine Art der Selbstreflexion findet statt. Eigene Gedanken werden strukturiert, so ist auch das Aufnehmen von Informationen einfacher. Außerdem verringert die TZI Konfliktpotential. Dadurch bleibt mehr Zeit für die tatsächliche Arbeit und das Gefühl der Gemeinschaft wird gestärkt.

---

[59] Vgl. Löhmer/Standhardth (o.J.)
[60] Vgl. Löhmer/Standhardth (o.J.)
[61] Vgl. Luckau (2018), S.47

Quellenverzeichnis

Arenberg, P., (2016). Teamentwicklung (5.Aufl.), SRH Fernhochschule

Ingham, H. u. Luft, J., (1955). The Johari window, a graphic model of interpersonal awareness (1.Aufl.), UCLA

Becker, S., (2016). Teamarbeit, Teampsychologie, Teamentwicklung (1.Aufl.), Springer Verlag

Braune-Krickau, M. u. Langmaarck, B., (2010). Wie die Gruppe laufen lernt (7.Aufl.), Springer Verlag

Cohn, R., (2012). Von der Psychoanalyse zur themenzentrierten interaktion (17.Aufl.), Klett Cotta Verlag

Dick, R. u. West, M., (2013). Teamwork, Teamdiagnose, Teamentiwcklung (2.Aufl.), Hogrefe Verlag

Hornstein, E., (2014). Qualifikation für Gruppenarbeit (7.Aufl.), Schäffer Poeschel

Kauffeld, S., (2014). Arbeits-, Organisations- und Personalpsychologie für Bachelor (1.Aufl.), Springer Verlag

Klein, I., (2019). Gruppen leiten ohne Angst: Themenzentrierte Interaktion (17.Aufl.), Auer Verlag

Khodakarami, A. u. Schubert, J., (2020). Kommunikationskompetenz für Führungskräfte (1.Aufl.), Manager Seminare Verlags GmbH

Krämer, D. u. Lammert, K. u. Weigang, S., (2015). Führen ohne Vorgesetztenfunktion (1.Aufl.), Haufe Verlag

Krelshaus, L., (2006). Wer bin ich – wer will ich sein? (1.Aufl.), MVG Verlag

Landolf, M. u. Spielmann, J. u. Zitterbarth, W., (2010). Handbuch Themenzentrierte Interaktion (2.Aufl.), Vandenhoeck & Ruprecht

Lotz, W. u. Reiser, H., (1995). Themenzentrierte Interaktion als Pärdagogik (1.Aufl.), Gründeald Verlag

Löhmer, C. u. Standhardt, R., (2018). TZI – Die Kunst sich selbst und eine Gruppe zu leiten (2.Aufl.), Klett Cotta

Luckau, P., (2018). Kommunikation: Theorien, Modelle und Techniken (1.Aufl.), SRH Fernhochschule

Luft, J., (1969). Of Human Interactions (1.Aufl.), National Press

Nowak, J., (2011). Selbstbild vs. Fremdbild (1.Aufl.), Grin Verlag

Steffen, A., (2019). Impulse zur eigenen Veränderung – Selbstcoaching mit dem Prinzip von weniger und mehr (1.Aufl.), Springer Verlag

Stracke, F., (2015). Menschen verstehen – Potentiale erkennen (4.Aufl.), Springer Verlag

Internetquellen

Beiser, D., (o.J.). Johari Fenster Feedback; URL https://www.dirk-beiser.de/teamtraining-coaching-stuttgart/transaktionsanalyse-systemtheorie-schulz-von-thun/johari-fenster/ (22.06.2020)

Hockling, S., (2012). Feedback geben ohne Mitarbeiter zu vergraulen; URL https://www.zeit.de/karriere/beruf/2012-07/chefsache-feedback (23.06.2020)

Kaschura, K., (2020). Johari und der blinde Fleck; URL https://kathrin-kaschura.de/johari-und-der-blinde-fleck (22.06.2020)

Löhmer, C. u. Standhardth, R., (o.J.). Wie Gruppenarbeit lebendig wird und lebendig bleibt; URL http://www.a-tzi.de/pdf/TZI.pdf (26.06.2020)

Rudolph, M., (o.J.). Konfliktlösung mit TZI Konzept; URL https://www.wb-web.de/material/lehren-lernen/konfliktlosung-mit-tzi-konzept.html (26.06.2020)

Schaller, S., (2017). Wie das Johari Fenster die Führungskompetenzen verbessern kann; URL https://www.wipub.net/wp/wie-das-johari-fenster-die-fuehrungs-kompetenz-verbessern-kann/ (22.06.2020)

Teamentwicklung (o.J.). Tuckman Teamphasen; URL https://teamentwicklung-lab.de/tuckman-phasenmodell (24.06.2020)

Universität Hannover (o.J.). Einführung in die Themenzentrierte Interaktion; URL http://www.feliz.de/tzi.pdf (27.06.2020)

Windolph, A., (2014). Das Johari Fenster; URL https://projekte-leicht-gemacht.de/blog/pm-methoden-erklaert/johari-fenster/ (21.06.2020)